L'EMPEREUR ET L'IMPÉRATRICE

AU CONCOURS RÉGIONAL D'ORLÉANS

ORLÉANS, IMPRIMERIE DE GEORGES JACOB, CLOITRE SAINT-ÉTIENNE, 4.

VOX POPULI VOX DEI

Léo Cazeges inv.   Imp. Lemercier & Cⁱᵉ Paris.   Orleans 1868.

H. HERLUISON, éditeur à Orléans.

L'EMPEREUR

NAPOLÉON III

ET

L'IMPÉRATRICE EUGÉNIE

AU CONCOURS RÉGIONAL D'ORLÉANS

Le 10 Mai 1868

Par H. VILLA

DEUXIÈME ÉDITION, REVUE ET AUGMENTÉE

ORLÉANS
H. HERLUISON, LIBRAIRE-ÉDITEUR
RUE JEANNE-D'ARC, 17

1868

En parcourant ces pages consacrées à la fête du 10 mai 1868, le lecteur évoquera certainement le souvenir des siècles passés. Il se demandera comment on célébrait jadis les Entrées des Souverains dans leur bonne ville d'Orléans ; et ce serait pour lui une satisfaction réelle de trouver en tête de cette brochure quelques détails rétrospectifs, placés là en manière de préface.

Mais, quelque désir que nous ayons d'être agréable à ceux qui voudront bien nous lire, deux choses nous manquent pour donner à ce travail toute l'étendue qu'il comporte : des documents assez nombreux, et le temps nécessaire pour les coordonner. Ce qu'on souhaite avant tout, n'est-ce pas le tableau des faits contemporains, pendant qu'ils sont encore dans leur fraîche nouveauté? Force nous est donc de laisser à d'autres, moins obligés de se hâter, le soin de retracer les pompes déployées par nos ancêtres aux jours de ces grandes solennités.

Aussi bien n'est-ce pas uniquement pour le plaisir de voir défiler des cortéges, d'entendre des harangues et d'éblouir le populaire par la magnificence de leurs costumes, que les empereurs et les rois se déplacent aujourd'hui. Nous sommes au XIXe siècle, et non plus au XVIe. Le chant des ménestrels, les représentations allégoriques, les fontaines merveilleuses destinées à rappeler l'âge d'or en laissant couler des flots de vin et de lait sur la terre, les arquebusades et autres divertissements plus ou moins naïfs seraient maintenant de peu d'intérêt, si ce n'est au point de vue archéologique.

A ce point de vue encore, nous pourrions regretter ces draps d'or et d'argent, ce velours et ce satin, ces plumes ondoyantes et ces joyaux étincelants que nos vieux chroniqueurs se sont plu à décrire. Oh! sans doute, tout cela avait bien son charme. La Renaissance, dans les arts comme dans les lettres,

fut une splendide époque. François Ier et Charles-
Quint la représentaient noblement, et nous sommes
ravis rien qu'en songeant au luxe qu'ils déployaient
dans leurs entrevues. Mais si tout, dans le voyage des
Souverains modernes, devait n'être qu'un stérile et
pompeux étalage, un assaut de luxe et de profusions,
un coûteux pastiche du *Camp du drap d'or*, nous
n'éprouverions, il faut en convenir, qu'une admiration mêlée de quelque regret.

Heureusement pour notre siècle positif, les excur-
sions princières ont de nos jours des motifs différents.
Ce que cherchent avant tout notre Empereur et notre
Impératrice, c'est à se rapprocher des populations
dévouées qui les acclament avec tant d'enthousiasme.
Ils veulent étudier directement leurs besoins, encourager leurs travaux, récompenser leurs mérites. Le
grand intérêt qui les attire, c'est un concours régional, un pacifique tournoi agricole et industriel, où
chacun lutte pour le bien du plus grand nombre.
Il s'agit de couronner des vainqueurs : jamais d'augustes mains ne dédaignèrent de remplir cet office.

Nous voilà donc consolé d'écrire, au lieu d'une
histoire complète des Entrées de Souverains à Orléans, une simple relation destinée à faire suite aux

documents du même genre que nous ont laissés nos ancêtres. Modeste chroniqueur, exposé à subir un rigoureux contrôle de la part de tant de témoins oculaires, efforçons-nous d'être fidèle, dût le côté pittoresque et poétique en souffrir. L'exactitude est le premier devoir que nous nous soyons imposé.

L'EMPEREUR ET L'IMPÉRATRICE

AU CONCOURS RÉGIONAL D'ORLÉANS

Le 21 avril, on donnait comme certaine, pour le samedi 9 mai, la visite de l'Empereur Napoléon III et de l'Impératrice Eugénie.

A la joie que fit naître cette heureuse nouvelle, se mêla quelque surprise. Orléans en effet, depuis le commencement de l'Empire, s'était cru, à tort assurément, en une sorte d'état de disgrâce.

Cette opinion avait pu prendre naissance dans le fait du passage assez fréquent de Leurs Majestés devant la ville, que le train impérial *brûlait* constamment. Jadis pour aller à Vichy, plus tard pour se rendre à Biarritz, tous les ans l'Empereur et l'Impératrice avaient passé par Orléans sans s'y arrêter, ou tout auprès sans y entrer.

Mais, lors de ces mêmes voyages, combien d'autres villes,

2

plus ou moins importantes, n'avaient pas eu l'honneur de recevoir Leurs Majestés !

On crut aussi que l'Empereur voulait dater de la ville aux grands souvenirs patriotiques, et du lendemain des fêtes de Jeanne d'Arc, quelques-unes de ces paroles qui parfois contiennent le sort des nations.

Cette idée fit le tour de la presse française, et la presse étrangère y trouva un prétexte à commentaires plus ou moins bienveillants.

Les plus sages esprits pensèrent avec raison que Napoléon III, dans son incessante sollicitude pour les progrès de l'agriculture, de l'industrie et de tout ce qui peut augmenter et assurer le bien-être des populations, venait simplement juger par lui-même des résultats que le Concours régional avait pu mettre en lumière.

Puis, au Fils de la Reine Hortense, Orléans offrait des souvenirs de famille : la maison de Beauharnais est orléanaise.

La présence de l'Impératrice Eugénie s'expliquait non moins naturellement.

Sa Majesté, surtout depuis quelques années, prend part aux travaux de son auguste époux. La haute intelligence, l'esprit élevé, ferme et droit, dont Elle a donné maintes preuves, est au niveau des grandes pensées de l'Empereur,

et souvent sa digne compagne, l'auguste mère du Prince
Impérial, s'associe aux conseils de l'État. Ce constant, cet
infatigable dévoûment à la prospérité de la France, qui
amenait l'Empereur à Orléans, pouvait donc y amener
également l'Impératrice.

De plus, jamais nos populations n'avaient eu le bonheur
de voir Celle que depuis quatorze ans la France chérit pour
les plus hautes qualités morales, jointes aux dons naturels
les plus heureux, qui puissent distinguer une Souveraine.

Enfin, le chef-lieu du Loiret n'était pas sans souvenirs
chers au cœur de l'Impératrice. Dans son enfance, Eugénie
de Montijo eut pour maîtresse de classe la fondatrice, à
Orléans, de la maison du Sacré-Cœur, Mme d'Avenas.
L'Impératrice voulut toujours conserver des relations avec
la femme d'élite qui avait consacré ses soins à l'instruc-
tion de la jeune fille; et bien des fois, du Sacré-Cœur
d'Orléans aux Tuileries, des Tuileries au Sacré-Cœur, ce
fut un échange de correspondances intimes où Sa Majesté
trouvait le plus grand charme. Elle pouvait aimer à visiter
cette ville où la mémoire de l'excellente Mme d'Avenas sera
toujours vivante et vénérée.

Dans le département, les populations des campagnes, si
étroitement attachées à l'Empire, chez qui l'idée napoléo-
nienne est si profondément enracinée, ne cherchèrent pas
tant de motifs politiques, ou autres, à la visite impériale.
Pour elles, c'était une occasion de venir donner à l'Em-

pereur et à l'Impératrice de nouveaux témoignages de leur reconnaissance et de leur dévoûment.

La nouvelle avait été, sur tous les points, accueillie avec un grand enthousiasme. Dès le 23 avril, on était informé qu'il n'y avait pas une commune du Loiret qui ne se préparât à venir souhaiter la bienvenue à Leurs Majestés.

Les moyens de communication n'étaient pas partout extrêmement faciles. Les populations riveraines de la Loire, entre autres, construisirent immédiatement des radeaux destinés au transport des délégations de l'arrondissement de Gien.

La compagnie du chemin de fer d'Orléans, pour faciliter le déplacement des sapeurs-pompiers, accorda aux détachements qui se rendraient à Orléans une réduction de moitié sur les prix du tarif général.

De son côté, le chef-lieu prenait les dispositions nécessaires pour faire aux augustes visiteurs une réception digne d'eux, et le 23 avril, le Conseil municipal d'Orléans s'assemblait sous la présidence de l'honorable maire, M. Vignat.

Le procès-verbal officiel rend compte de cette séance dans les termes suivants :

« M. le Maire expose que M. le Préfet ayant été autorisé à annoncer ce voyage qui aura lieu le 9 mai, à l'occasion du Concours régional, la ville a des préparatifs à faire afin de recevoir dignement Leurs Majestés

Impériales. Il en résultera un supplément de dépenses, et les fonds votés pour les fêtes du Concours seront évidemment insuffisants. L'administration municipale vient donc demander au Conseil un nouveau crédit. Leurs Majestés ne doivent rester à Orléans que quelques heures. Il sera nécessaire de dresser un arc-de-triomphe et d'établir sur le Mail une tente où Leurs Majestés puissent se reposer et faire les réceptions officielles. Des cent-gardes viendront à cette occasion. Il faudra pourvoir à leur logement, à celui des chevaux et des équipages, en un mot subvenir aux différentes dépenses accessoires dont le détail n'est pas possible. M. le Maire demande que le Conseil, par un vote de confiance, lui accorde, sans en fixer le chiffre, le crédit nécessaire pour faire les choses convenablement.

« Il annonce avoir fait remarquer à M. le Préfet que les fêtes du Concours, à l'occasion desquelles Leurs Majestés nous honorent de leur présence, étant départementales, le département devrait, comme cela a lieu pour les autres dépenses, concourir pour moitié au supplément de dépenses nécessité par cette visite, et dit que M. le Préfet, reconnaissant la justesse de l'observation, lui a promis de faire et d'appuyer une proposition dans ce sens.

« Le Conseil municipal, après avoir entendu M. le Maire, met à la disposition de l'Administration municipale le crédit nécessaire pour subvenir aux dépenses de la réception de Leurs Majestés, et dispose que ce crédit sera imputé sur les bonis de l'exercice courant. »

L'Administration, une fois ainsi autorisée, prit rapidement toutes les mesures convenables. Elle eût eu, en réalité, bien peu de temps pour tout organiser, si une grande partie des décorations extérieures ne se fût trouvée déjà prête, grâce à la coïncidence des fêtes de Jeanne d'Arc, célébrées cette année avec plus d'éclat que jamais.

Une note publiée le 1er mai par le journal le *Constitutionnel*, qui reçoit souvent des communications en haut lieu, vint donner un jour de plus aux organisateurs.

Cette note était ainsi conçue :

« L'Empereur se rendra au Concours régional d'Orléans. Le départ de Sa Majesté aura lieu le 10 mai. C'est aujourd'hui seulement que cette date a été fixée. »

Ce fut en effet le 10 mai que LL. MM. l'Empereur et l'Impératrice vinrent à Orléans. Pourquoi la date fut changée et le voyage retardé de vingt-quatre heures, c'est ce que nous ignorons. Les profonds politiques dirent immédiatement que l'Empereur, pour donner aux paroles qu'il devait prononcer un caractère encore plus pacifique, avait voulu éloigner le plus possible sa visite du jour où Orléans fête l'anniversaire de sa délivrance par Jeanne d'Arc, anniversaire rappelant de belliqueux souvenirs.

Mais la perspicacité de ces oracles était encore une fois en défaut. Bientôt on put lire les lignes suivantes, toujours dans le *Constitutionnel* :

« On s'est beaucoup occupé des paroles que l'Empereur pourrait prononcer à Orléans. Nous croyons savoir que Sa Majesté se bornera à honorer de sa présence les fêtes de cette ville. Elle a exprimé le désir qu'à cette occasion il ne soit prononcé aucun discours. »

Le motif le plus probable de cet ajournement est que l'Empereur voulait décerner Lui-même la prime d'honneur du Concours régional dont la clôture était fixée au 10 mai.

Cependant, de toutes parts on poussait les travaux avec la plus grande activité.

Près de la place Bannier, on construisait un colossal arc-de-triomphe, orné de feuillages, de drapeaux, d'écussons aux armes de la ville et au double chiffre impérial : N. E.

En face de la Gare du chemin de fer, une porte triomphale s'élevait aussi, avec cette inscription : *A Leurs Majestés l'Empereur et l'Impératrice!*

On doublait le nombre des mâts dans les rues où l'on présumait que l'Empereur et l'Impératrice passeraient, et l'on avait soin de mêler avec profusion aux drapeaux tricolores, aux flammes portant les couleurs d'Orléans ou de Jeanne d'Arc, des banderoles et des flammes aux couleurs de l'Empire : vert et or.

Au bout du champ de Concours, on dressait une tente élégamment décorée, et surmontée de la couronne impériale. Cette tente était destinée à Leurs Majestés. C'est là qu'Elles devaient prendre quelques instants de repos; c'est là que l'Empereur devait distribuer les récompenses.

A la Cathédrale, où l'on savait que l'Empereur et l'Impératrice se rendraient, suivant leur pieuse coutume quand Ils entrent dans une ville, d'immenses portières de velours rouge, à franges d'or, étaient posées. A l'intérieur, des tentures également en velours rouge et à franges d'or entouraient les piliers du chœur. Aux voûtes pendaient les bannières, au fond du chœur étaient les draperies employées habituellement pour la cérémonie religieuse du 8 mai. Sous le porche et autour des piliers de la grande nef, on voyait de magnifiques tapisseries des Gobelins (1).

Les particuliers ornaient leurs maisons avec un luxe inusité de drapeaux. Des guirlandes étaient tendues d'un côté à l'autre des rues. Non seulement sur le chemin que l'on pensait devoir être parcouru par Leurs Majestés, mais dans les rues les moins fréquentées de la ville, tout était ainsi pavoisé et enguirlandé.

A la Gare, on avait construit une marquise couvrant tout le perron, et soutenue, au bas de la première marche, par des colonnes aux armes de l'Empire, servant elles-mêmes de points d'attache à de riches draperies. Un immense tapis grenat à larges bandes Pompadour' couvrait les marches, traversait toute la grande salle de l'embarcadère transformée en un splendide salon, et rejoignait la porte qui donne sur la voie. Tout disparaissait sous les glaces, les tentures et les fleurs.

Dix ouvriers du Garde-Meuble étaient venus pour procéder ou aider au travail de décoration de la Cathédrale, sous les ordres de M. Tuyau, architecte du mobilier de la Couronne, et la haute direction de M. Williamson, administrateur du Garde-Meuble.

(1) Voir à la fin du volume la description et l'historique de ces tapisseries.

Une grande partie des détails intéressants que renferme cet appendice est due par nous à M. Williamson lui-même. Nous nous faisons un devoir et un plaisir de le remercier ici de son extrême obligeance.

Le 8 mai, le train spécial des équipages de Leurs Majestés, parti de Paris à 1 heure 30 minutes de l'après-midi, était arrivé à Orléans à 5 heures 16 minutes, amenant une trentaine de cent-gardes sous le commandement de M. le capitaine Brincourt, et leurs chevaux ; trois voitures de la cour avec douze chevaux d'attelage ; un certain nombre de piqueurs, domestiques, palefreniers, etc. A l'avance, des logements avaient été préparés pour le personnel ; des remises et des écuries avaient été appropriées pour les voitures et les chevaux, à la Halle au blé.

Deux jours seulement devaient s'écouler avant la venue de Leurs Majestés, et le programme détaillé de leurs futurs faits et gestes n'était pas connu de la population dont la légitime curiosité se trouvait surexcitée au plus haut point.

La visite impériale n'avait même pas encore été annoncée officiellement !

Enfin la proclamation suivante fut affichée sur les murs de la ville :

« CHERS CONCITOYENS,

« Je puis enfin vous annoncer officiellement l'arrivée de Leurs Majestés à Orléans.

« Dimanche prochain, l'Empereur et notre charitable et gracieuse Impératrice nous honoreront de leur visite si impatiemment attendue.

« Que la population entière les entoure de ses respectueux et recon-

3

naissants hommages ; que le séjour parmi nous de nos augustes hôtes leur laisse un agréable souvenir !

« Chers concitoyens, les délégués des communes du département, et des pompiers qui, comme les nôtres, rendent de si grands et généreux services, accourent au chef-lieu pour s'associer à vos sentiments et témoigner de leur dévoûment à Napoléon III et à sa Dynastie.

« La municipalité, malgré ses efforts pour recevoir les sapeurs-pompiers et les députations du département, ne peut tout faire. Ses moyens matériels et ses ressources financières ont malheureusement des bornes ; que la bienveillance de votre accueil n'en ait pas. Je compte sur l'excellent esprit de la population orléanaise.

« *Le Maire d'Orléans,*

« E. VIGNAT. »

En même temps un programme était publié, conçu dans les termes suivants :

VISITE DE LL. MM. II. AU CONCOURS RÉGIONAL D'ORLÉANS, LE DIMANCHE 10 MAI.

« A leur arrivée à la Gare, Leurs Majestés sont reçues par le premier Président, le Préfet et le Général.

« Le Maire et le Conseil municipal attendent Leurs Majestés sous le premier arc-de-triomphe placé à l'entrée de la cour de la Gare.

« Leurs Majestés se rendent à la Cathédrale, la haie étant formée par la troupe, par les sapeurs-pompiers, les corporations ouvrières de la ville et des députations des communes échelonnées sur tout le parcours, par arrondissements (Orléans, Gien, Montargis et Pithiviers) et par cantons.

« Leurs Majestés sont reçues à la Cathédrale par Mgr l'Évêque et son clergé.

« Au sortir de la Cathédrale, Leurs Majestés se rendent au Concours régional en suivant le même itinéraire.

« A l'entrée du Concours, elles sont reçues par le Commissaire gé-

néral du Concours et les membres du jury. Elles visitent le Concours,
l'Exposition horticole, en se rendant à la tente impériale.

« En avant de la tente, une députation de douze jeunes filles offre
un bouquet à S. M. l'Impératrice.

« Réception des autorités.

« Départ de Leurs Majestés. Le premier Président, le Préfet, le Général sont à la Gare au départ comme à l'arrivée. »

On savait enfin que les augustes hôtes de la ville d'Orléans y passeraient trois heures, et quel devait être l'emploi
du temps pendant ce séjour.

On remarqua particulièrement la rédaction de l'en-tête
du programme. Comme rien ne devait avoir été fait à la
légère dans une telle circonstance, on commenta ce titre,
qui portait catégoriquement : « *Visite au Concours régional,* » et donnait à la solennité son caractère véritable,
en même temps qu'elle en précisait nettement le but.

Les politiques eurent donc tort. L'Empereur venait simplement constater, pour son édification personnelle, les
progrès de l'agriculture et de l'industrie dans la région
composée du Loiret, de l'Allier, du Cher, de l'Indre, d'In-
dre-et-Loire, de Loir-et-Cher, de la Nièvre et de la Vienne.
Simplement aussi, son auguste épouse l'accompagnait.
Tous deux, incessamment préoccupés de la prospérité et
de la gloire du pays, avaient voulu, en Souverains qui
comprennent et remplissent dignement la noble mission
qui leur est confiée, voir de près, s'informer sans inter-
médiaires, interroger l'agriculteur et l'industriel, l'ouvrier

et le paysan, sur leurs travaux, sur leur situation, sur leurs besoins.

Dès l'ouverture du Concours régional, nombre d'étrangers avaient envahi Orléans. La foule s'en accrut encore pour les cérémonies du 430ᵉ anniversaire de la délivrance par Jeanne d'Arc. Pourtant, ce n'était rien en comparaison de ce que les voies ferrées amenèrent dans la journée du 9 mai et dans la matinée du 10. On peut évaluer à quatre-vingt mille âmes la population d'Orléans au soir du samedi. Le dimanche matin, le temps était pluvieux. Les campagnes ne s'en étaient pas effrayées, et qui à pied, qui dans leur carriole, nos braves paysans, au nombre de soixante à soixante-dix mille, arrivaient par toutes les routes aboutissant au chef-lieu.

Les compagnies de pompiers, les diverses délégations et corporations les plus éloignées d'Orléans étaient déjà arrivées la veille. Entre autres, il faut citer une partie des populations riveraines de la Loire, spécialement les Briarais et les Giennois.

Nous avons dit que sur les bords du fleuve on préparait des embarcations pour se rendre par eau à Orléans. Un remorqueur fut d'abord sollicité, par M. le Préfet, de M. Jules Chagot, député de Saône-et-Loire, administrateur des mines de Blanzy qui possèdent toute une flottille pour le service de l'exploitation. M. Jules Chagot céda avec empressement au

vœu qui lui avait été exprimé. Les communes se cotisè-
rent spontanément; une somme fut réunie pour subvenir
au fret du navire. Avec le plus louable désintéressement,
M. Jules Chagot n'accepta pas même le prix du combus-
tible qui devait être dépensé. Et lé 9 mai, d'un grand ba-
teau, de six alléges, environ un millier de navigateurs
descendaient sur le quai du Fort-Alleaume, donnant à une
multitude de curieux, d'amis, de parents, le spectacle d'un
débarquement qui ne manquait pas de pittoresque.

  L'île flottante, et très-peuplée, offrait elle-même le coup
d'œil le plus original et l'aspect d'un campement d'un nouveau genre. En effet, les voyageurs, non sans raison,
avaient pensé qu'Orléans ne pourrait pas les loger facilement. Ils avaient donc élevé sur leurs embarcations, les
uns de riches pavillons, les autres des tentes plus mo-
destes, pavillons, tentes, ou autres abris encore plus pri-
mitifs, tous ornés de drapeaux, d'oriflammes, de bannières,
d'écussons. Sur le parcours entier, de Briare à Orléans, les
populations étaient accourues pour voir passer la pacifique
Armada, ou pour s'embarquer et faire partie de l'expédi-
tion. Et chacun de se construire son appartement pour la
nuit. Ce fut bientôt une ville bruyante, agitée, gaie de cette
gaîté française, même encore un peu gauloise, qui n'a pas
sa pareille. Pompiers, bourgeois, paysans, paysannes, tout
ce monde grouillait, chantant, buvant, mangeant, fumant,
jouant au marin et se renvoyant les *lazzi.* C'étaient des cris
de joie, des vivats à l'avance en l'honneur de Napoléon III,

de l'Impératrice et du Prince Impérial ; et des musiques, et des chants d'orphéonistes. Ainsi depuis cinq heures du matin jusqu'à l'heure où l'on toucha enfin heureusement au port.

Insistons sur un trait caractéristique de l'enthousiasme excité par la venue de l'Empereur et de l'Impératrice dans le département.

De Sully, de Saint-Benoît-sur-Loire, de Châteauneuf, de Jargeau, de Saint-Denis-de-l'Hôtel, de Bou, on vient facilement, en quelques heures de voiture ou de marche, au chef-lieu du Loiret. Aussitôt le passage de la flottille signalé, la population de ces communes se portait sur le rivage ou sur les ponts. Les uns s'embarquaient ; les autres, retenus par tel ou tel motif, avaient résolu de ne partir que le jour même de la fête. Mais tous, navigateurs et spectateurs, dès qu'ils étaient à portée de la voix, ne se saluaient mutuellement que par les cris de : *Vive l'Empereur! vive l'Impératrice! vive le Prince Impérial! A demain! A Orléans!* escomptant ainsi l'instant si ardemment désiré, et les patriotiques ivresses du 10 mai.

Jamais, depuis 1855, année où l'on inaugura solennellement la statue équestre de la Pucelle, par Foyatier, Orléans n'avait vu ses rues aussi animées : foule immense, ville vraiment en fête. De toutes parts des uniformes, des tambours, des musiques, des drapeaux, des bannières, le bruit, le mouvement, la hâte, la gaîté. Une heure avant le passage de Leurs Majestés, vingt mille têtes aux fenêtres. Sur tout le parcours, cent cinquante mille personnes frémissant d'une sympathique curiosité, d'une joyeuse impatience. Quelques toits s'étaient garnis de spectateurs. On voyait aussi de ces derniers sur des murs. Des estrades avaient été construites dans la baie des portes cochères. Des échelles dressées le long des maisons ployaient sous le poids de dix personnes s'y maintenant par des miracles d'équilibre ; à la Gare du chemin de fer, sur le Mail et sur la place Pothier, dans les arbres étonnés de porter de pareils fruits, brisant les branches et risquant de se briser eux-mêmes en tombant, des centaines d'intrépides curieux.

Cependant, aucun désordre, grâce aux excellentes mesures prises par l'administration, et par la police à qui le renfort d'une escouade de sergents de ville parisiens avait été envoyé.

A 10 heures 30 minutes, l'Empereur et l'Impératrice étaient partis de Paris, après avoir été reçus à l'embarcadère par la plupart des membres du conseil d'administration de la compagnie du chemin de fer d'Orléans, par les autorités de l'arrondissement et par le Préfet de police.

Leurs Majestés étaient accompagnées de :

S. Exc. M. le général Fleury, grand-écuyer ;
M. le général de Waubert de Genlis, aide-de-camp ;
M. le marquis d'Havrincourt, chambellan ;

M. le commandant duc d'Elchingen, officier d'ordonnance ;

M. le capitaine comte de Lauriston, officier d'ordonnance ;

M. le baron de Bourgoing, écuyer, dans le costume de ses fonctions ;

Mme la vicomtesse Aguado, dame du palais ;

Mme de Saulcy, dame du palais ;

Mlle Marion, demoiselle d'honneur ;

M. le comte de Cossé-Brissac, chambellan de l'Impératrice.

Au départ, S. M. l'Impératrice portait une robe grise qu'elle échangea, dans le trajet, contre une délicieuse toilette de nuance nacarat, dont la suprême élégance n'avait d'égale que l'exquise simplicité. L'Empereur était en habit de ville, avec le grand-cordon de la Légion-d'Honneur sur un gilet blanc.

Vers onze heures, le déjeûner de Leurs Majestés et de la suite fut servi dans le train impérial qui ne fit qu'à Étampes un arrêt de cinq minutes. Une grande foule se pressait sur la terrasse dominant la station, et acclama l'Empereur et l'Impératrice.

A une heure, à la minute précise indiquée pour l'arrivée, le train impérial entrait sous la gare d'Orléans.

M. Dureau, Préfet du Loiret; M. le Général Savaresse,

commandant la subdivision; M. Duboys (d'Angers), Premier Président de la Cour impériale; M. Tenaille d'Estais, Procureur général, attendaient depuis quelques instants.

Dans la matinée, la pluie était tombée avec abondance. De midi à une heure, le ciel était très-menaçant. On put, à l'arrivée de Leurs Majestés, remarquer un fait déjà plusieurs fois observé : l'horizon s'éclaircit, le soleil parut, et le reste de la journée fut favorisé par un temps magnifique.

Songeant sans doute à cette nouvelle coïncidence, après les salutations d'usage, M. le Préfet dit à l'Empereur :

— Sire, vous nous amenez le beau temps !

— Et je désire qu'il se fixe parmi vous, — répondit l'Empereur.

Sur la place qui s'étend devant la Gare, vers midi et demi étaient venus se placer, d'un côté, les troupes de la garnison; de l'autre, le bataillon de sapeurs-pompiers d'Orléans, tambours et musique en tête; les médaillés de Sainte-Hélène; les enfants des écoles, etc.

Quelques instants après, le milieu de la place avait été occupé par le peloton de cent-gardes arrivés l'avant-veille, hommes d'élite qu'on ne se lassait pas d'admirer sous leur étincelant uniforme, et dont les magnifiques montures attiraient également l'attention. Puis, au bas du perron, étaient venues se ranger les voitures de la Cour, attelées à quatre en Daumont, et précédées d'un piqueur. Un che-

val superbe était tenu en main pour M. le baron de Bourgoing, écuyer.

Enfin Leurs Majestés apparurent sur le perron.

Les tambours battirent aux champs ; les fanfares retentirent ; la musique des pompiers d'Orléans joua l'air de
la reine Hortense. Les acclamations enthousiastes de : *Vive
l'Empereur ! vive l'Impératrice ! vive le Prince Impérial !*
dominèrent tout ce bruit.

L'empereur salua la foule ; l'Impératrice répondit à ces
souhaits de bienvenue en s'inclinant, en souriant avec cette
grâce irrésistible dont elle possède l'heureux secret, et qui
est devenue proverbiale.

Leurs Majestés et les personnes de leur suite étant mon-
tées en voiture, M. le général Savaresse se tenant à cheval à
la portière de droite, à côté de l'Empereur, et M. le baron
de Bourgoing à la portière de gauche, à côté de l'Impératrice, les cent-gardes exécutèrent une manœuvre à la suite
de laquelle ils se trouvèrent divisés en deux détachements,
l'un servant d'avant-garde, et l'autre d'arrière-garde.

Précédé d'un peloton de gendarmes sous les ordres de
M. Aubert, commandant la gendarmerie dans le département, le cortége s'ébranla au bruit de frénétiques acclamations.

Après un trajet de quelques mètres, la voiture impériale

parvint et s'arrêta sous l'arc-de-triomphe élevé devant la Gare.

Là, M. Vignat, Maire d'Orléans, attendait avec le Conseil municipal; un valet de ville portait sur un coussin, reposant lui-même sur un plateau d'argent, deux des anciennes clés de la ville.

M. le Maire, après les avoir offertes, suivant l'usage, à l'Empereur, lut à Leurs Majestés le discours suivant :

« SIRE,

« Le Maire et le Conseil municipal s'empressent de vous offrir l'hommage de leur fidèle dévoûment et de leur reconnaissance pour avoir cédé, en venant ici, aux vœux les plus chers et souvent renouvelés de nos populations.

« Je viens aussi présenter à Votre Majesté les clés de notre antique cité, uniquement comme le symbole d'une entière confiance, car nos murailles, qui furent au moyen-âge le palladium du royaume de France, ont depuis disparu, et leurs débris ont servi à construire nos chemins vicinaux pour lesquels vous avez, Sire, une si heureuse et si féconde prédilection.

« Autrefois place de guerre, mais aujourd'hui ville d'industrie et de commerce, Orléans aime la paix et en apprécie les bienfaits; cependant, si la France, forte de son droit et soucieuse de son honneur, était contrainte de tirer l'épée, les Orléanais seraient dignes de leur passé, car nos ancêtres, en nous léguant leur gloire, nous ont transmis leur ardent amour de l'indépendance et de la grandeur de la patrie.

« Pénétrez donc, Sire, à travers ces populations dont vous daignez venir étudier les besoins. Elles accourent sur votre passage pour saluer de leurs acclamations le bienfaiteur des inondés malheureux, et surtout le puissant et généreux Souverain qui, après avoir rétabli l'ordre et fait rendre à la nation son rang dans le monde, s'est spontanément empressé d'asseoir les bases de cette liberté tutélaire qui assure le progrès et commande le respect des lois.

« MADAME,

« Vous avez voulu ajouter à notre bonheur, vous, la providence de ceux qui souffrent et la courageuse compagne de notre Empereur, en nous honorant de votre visite tant désirée ; grâces vous en soient rendues ! Votre Majesté a d'avance conquis tous les cœurs, et nous aurions voulu que l'Héritier du trône, participant à l'ovation populaire qui s'apprête, pût entendre ce cri de nos cœurs mille fois répété :

« *Vive l'Empereur !*

« *Vive l'Impératrice !*

« *Vive le Prince Impérial !* »

Ces derniers mots avaient été vigoureusement accentués par M. Vignat, et chaleureusement répétés par le Conseil.

Ils furent entendus de la foule qui, respectueusement et pour permettre à Leurs Majestés de bien saisir l'allocution du chef de l'Administration municipale, avait fait silence en le voyant porter la parole au nom de la ville d'Orléans. Immédiatement, ce fut une explosion formidable de vivats. Ils ne cessèrent que lorsqu'on vit l'Empereur répondre.

Sa Majesté s'exprima ainsi :

« MONSIEUR LE MAIRE,

« J'ai accepté avec plaisir votre invitation, parce « que je suis toujours heureux de me retrouver au « sein d'une ville qui, tout en conservant religieuse-

« ment de glorieux souvenirs et de si patriotiques
« sentiments, se livre avec ardeur aux luttes du tra-
« vail et de l'industrie.

« J'ai voulu constater par moi-même vos pro-
« grès et les encourager, persuadé qu'au milieu de
« la tranquillité générale de l'Europe, ils peuvent
« se développer avec confiance.

« Je vous remercie des sentiments que vous ma-
« nifestez pour l'Impératrice, pour mon Fils et pour
« moi. »

Après ces paroles prononcées avec un accent à la fois
affable et ferme, de nouveaux vivats retentirent, auxquels
l'Empereur répondit en saluant, ainsi que l'Impératrice
dont on avait déjà pu remarquer l'air de bonté, et admirer la grâce exquise.

Le cortége se remit en marche et traversa au pas la rue
de la Gare, le boulevard du Chemin-de-Fer, la place et la
rue Bannier, la place du Martroi ; puis, par la rue Royale
et la rue Jeanne-d'Arc, il se rendit à Sainte-Croix.

Sur tout ce parcours, la haie était formée, comme nous
l'avons dit, par les compagnies de sapeurs-pompiers du
département, composant un effectif d'environ 4,000 hommes
sous les armes ; par la Société des médaillés de Sainte-
Hélène ; par la Société des sauveteurs médaillés du Loi-

ret (1), auxquels s'étaient joints de nombreux sauveteurs médaillés de la Seine venus suivant leur usage pour les fêtes de Jeanne d'Arc, et qui étaient restés à Orléans ; par une foule de corporations diverses, de délégations, d'écoles, de sociétés orphéoniques, etc., toutes échelonnées par arrondissements. De la Gare au seuil de la cathédrale, l'Empereur traversa ainsi tout le département représenté par ses trente-et-un cantons.

Pendant un trajet d'environ deux kilomètres, ce fut une acclamation continue dans laquelle l'Empereur, l'Impératrice, le Prince impérial étaient unis, comme ils le sont et le seront éternellement dans le cœur reconnaissant et dévoué de la France entière. Les cris de : *Vive la sœur de charité! vive l'héroïne d'Amiens!* se faisaient entendre aussi, rappelant à l'Impératrice, en dépit de sa modestie, un des actes les plus beaux qui puissent immortaliser le nom d'une Souveraine (2).

(1) La veille, cette Société avait reçu de l'Empereur un magnifique drapeau, portant d'un côté : « *L'Empereur aux sauveteurs médaillés du Loiret,* » et de l'autre : « *Mai 1868.* »
Des drapeaux avaient été aussi donnés à diverses compagnies de pompiers, à l'occasion de la visite impériale.

(2) Nous ne pouvons ici résister au plaisir de citer ce fragment d'une admirable lettre écrite par l'Impératrice Eugénie, justement au sujet de ces qualifications qu'elle a si noblement méritées :

« Je n'aime point tout ce bruit qu'on fait de mon voyage à Amiens. « Il n'y a là ni courage ni mérite, tout au plus un simple devoir de « position que je suis bien aise d'avoir rempli. Ne me parlez donc

Leurs Majestés arrivèrent devant Sainte-Croix.

Sous le péristyle, Mgr Dupànloup, Évêque d'Orléans, revêtu de ses ornements pontificaux, assisté de ses vicaires-généraux en chapes, précédé de son clergé, était venu processionnellement attendre l'Empereur et l'Impératrice.

Leurs Majestés et leur suite étant descendues de voiture, montèrent le degré qui forme l'accès de notre antique Cathédrale. Mgr l'Évêque ayant introduit sous un dais le Souverain et la Souveraine, leur offrit l'eau bénite et l'encens.

Puis il leur adressa ce discours :

« Sire,

« Au moment où Votre Majesté met le pied sur le seuil de cette vieille basilique pleine de grands souvenirs, j'ai l'honneur de lui présenter les vœux et les hommages du clergé de la ville et du diocèse d'Orléans.

« J'ose dire que, sur tout le sol de la France, Votre Majesté n'a pas rencontré de cité plus noble, plus chrétienne et plus française.

« Orléans, deux fois au moins, a eu le bonheur et l'honneur singu-

« plus d'héroïsme ; je n'ai sauvé personne, et même plus d'un pauvre
« malade a dû être bien incommodé des préparatifs qu'on a faits dans
« les salles pour me recevoir. Réservons les grands mots pour les
« grandes choses, par exemple pour louer le dévoûment sublime des
« religieuses, qui ne se contentent pas de visiter les malades pendant
« une heure, mais qui les assistent jusqu'au retour de la santé ou jus-
« qu'à la mort. »

N'est-ce pas là précisément le langage noble et simple du véritable héroïsme ?

lier d'être le dernier et victorieux rempart de notre pays contre l'invasion étrangère.

« Paris, que je nomme avec respect, a laissé forcer plusieurs fois ses portes par l'étranger ; Orléans, jamais.

« La Loire, qui est notre fleuve, a toujours été une barrière infranchissable.

« Et hier même, nous célébrions le 439e anniversaire du jour mémorable où une jeune fille de dix-sept ans, envoyée par Dieu, délivrait Orléans et sauvait la France.

« Et déjà, aux jours de la barbarie, un de nos plus grands Évêques, saint Aignan, faisait ici reculer devant la Croix celui qui, dans son féroce orgueil, se nommait lui-même : « *fléau de Dieu.* »

« Dans ces deux grandes détresses, Orléans n'a pas seulement été le rempart, il a été le cœur de la France, et on sentit battre là les dernières émotions nationales. Mais, grâces à Dieu, le cœur était fort, et bientôt l'indépendance menacée, la liberté, la gloire, la vie, l'avenir, tout fut reconquis.

« Puisque Votre Majesté nous fait l'honneur de nous visiter, qu'elle mette la main sur ce cœur, car il est toujours le même : les Orléanais n'ont pas changé, et Votre Majesté sentira qu'au milieu de la confusion des hommes et des choses, il y a toujours là deux battements d'une force indomptable : le patriotisme dont vous êtes entouré, et la religion. Elle sentira ici, plus peut-être qu'en aucune partie de l'Empire, que la France, quand on interroge de près son âme, est et veut être à jamais la nation très-chrétienne, et que, dans cette double flamme du patriotisme et de la foi, furent toujours son honneur et sa fortune depuis Charlemagne.

« Nous demandons à Dieu, Sire, que les inspirations de ce monarque immortel, qui a tant servi la civilisation chrétienne et française, soient celles de Votre Majesté, et vivent à jamais bénies et fidèles dans le cœur du fils aîné de l'Église.

« Nous ne saurions porter plus loin nos vœux, ni en former qui soient plus dignes de vous, de la France, de la religion, et plus décisifs pour l'avenir, que Dieu, comme toujours, tient dans ses puissantes mains.

« Vous avez aimé, Sire, le rapprochement heureux des fêtes de Jeanne d'Arc avec les fêtes de l'agriculture. Ce mélange des richesses de nos champs, malgré leur tristesse passagère, et des conquêtes du travail du temps présent avec les souvenirs impérissables du passé, élève l'âme à un amour plus large et plus ému de la patrie, de son histoire, de ses destinées.

« La fête de Jeanne d'Arc est d'ailleurs si bien la fête des campagnes, puisque la vierge de Domrémy fut fille des hameaux, et naquit de ces paysans généreux dont la forte main sait conquérir, labourer et défendre la terre !

« La fête de Jeanne d'Arc est aussi la fête de toutes les femmes chrétiennes et françaises, et vous l'avez compris de cette sorte, Madame, en daignant vous y associer. Jeanne d'Arc n'a pas seulement sauvé la France, c'est la France elle-même qu'elle représente ; cette nation sensible et fière, tendre et valeureuse, nous nous plaisons à la voir, et cette image ne saurait déplaire à vos regards, sous les traits de Jeanne d'Arc, avec le cœur inspiré d'une jeune fille sous l'armure d'un guerrier.

« Vous avez bien voulu, Madame, prendre part à nos solennités, et cette pensée aussi me touche, le lendemain d'un jour où la religion vous a donné la plus pure joie qui soit ici-bas permise au cœur d'une mère : Votre Majesté vient de voir son fils s'agenouiller et se nourrir pour la première fois du pain de vie à l'autel du Dieu qui aime et bénit cet âge. L'attendrissement de ce spectacle a fait couler de vos yeux de pieuses larmes. Puisse Votre Majesté n'en connaître jamais d'autres ! Puisse-t-elle voir le jeune Prince, son amour et son espérance, croître dans cette piété forte, qui est, comme Bossuet le disait au fils de Louis XIV, le tout de l'homme et du prince ! Puisse sa première communion demeurer le profond et indestructible souvenir de sa vie ! C'est ce que demandait à Dieu pour lui le chef vénéré de l'Église, lorsque, du haut du trône apostolique toujours si vaillamment soutenu par nos armes, Pie IX le bénissait au moment même où il recevait pour la première fois la visite de son Dieu ! »

L'Empereur répondit :

MONSEIGNEUR,

« Je suis très-touché des nobles paroles que vous

5

« venez de m'adresser. C'est dans ces lieux qu'on
« se rappelle avec bonheur ce que peuvent pour
« le salut et la grandeur d'un pays la foi religieuse
« et le vrai patriotisme. C'est dans cette ville que
« s'est produit un des faits les plus merveilleux de
« l'histoire, et le fleuve qui coule sous vos murs
« fut autrefois un des remparts de notre indépen-
« dance, comme il protégea, dans des temps plus
« rapprochés, les héroïques débris de nos grandes
« armées.

« En venant, l'Impératrice et moi, nous mêler
« aux fêtes populaires de la ville d'Orléans, nous
« avons d'abord voulu nous agenouiller dans son
« ancienne basilique, et, au milieu des grands sou-
« venirs du passé, demander à Dieu sa protection
« pour l'avenir.

« Je vous remercie, Monseigneur, je remercie
« votre clergé des prières que vous voulez bien éle-
« ver au ciel pour l'Impératrice, pour le Prince im-
« périal et pour moi. »

Après ces discours, Leurs Majestés furent conduites,
toujours sous le dais, jusqu'au sanctuaire où des trônes
et des prie-Dieu, surmontés d'un riche baldaquin suspendu

à la voûte, Leur avaient été préparés (1). Le dais était porté par des séminaristes, et quatre dignitaires de l'Église d'Orléans tenaient les cordons. Pendant que le cortége traversait la grande nef, on chantait le psaume *Lœtatus sum*. Mais ce chant était couvert par les cris de : *Vive l'Empereur! vive l'Impératrice! vive le Prince impérial!* poussés unanimement par trois mille assistants, rangés en haie de chaque côté, et dont l'enthousiasme n'avait pu se contenir, malgré la majesté du saint lieu.

Lorsque le Saint-Sacrement fut exposé sur l'autel, les chants sacrés continuèrent. Ce fut d'abord l'*Ave verum,* après lequel vint un *Regina cœli,* dialogué entre un solo de basse et un chœur de trois cents voix à l'unisson, répétant *Alleluia.* L'effet était puissant, et tout le monde en fut religieusement impressionné. Puis vint le *Te Deum* en plain-chant, accompagné par des instruments ; enfin, un *Domine salvum* en musique, suivi de la même prière en plain-chant cette fois, soutenu par l'orchestre et les deux orgues. Mais à peine entendait-on leurs majestueux accords à côté des trois mille voix de l'assistance qui, dans un élan spontané, s'étaient unies aux chanteurs pour demander à Dieu la conservation des jours de Napoléon III.

Jamais, assurément, la vieille basilique n'avait vu céré-

---

(1) Ces trônes, ces prie-Dieu et ce baldaquin sont les mêmes qui servent, à Notre-Dame de Paris, lorsque l'Empereur et l'Impératrice s'y rendent pour quelque grande cérémonie.

monie plus imposante. Toutes les splendeurs du culte ca-
tholique avaient été déployées. Cependant, les yeux étaient
moins frappés de la grandeur du spectacle que l'âme
n'était émue à la pensée de ce Souverain et de sa digne
compagne voulant avant tout remercier Dieu de son ap-
pui dans le passé, lui demander sa protection pour la
France et pour Eux-mêmes dans l'avenir.

Mgr Dupanloup, qui officiait pontificalement, ayant donné
sa bénédction solennelle, le cortége sortit de la Cathédrale
dans le même ordre où il y était entré. Sur le passage de
Leurs Majestés, on criait avec des redoublements d'enthousiasme : *Vive l'Empereur! vive l'Impératrice! vive la
sœur d'Amiens! vive le Prince impérial!*

Sous le péristyle, le clergé se mêla chaleureusement à
ces démonstrations.

Mgr l'Évêque prit congé aux portes de l'église. L'Empereur lui adressa quelques mots. L'Impératrice lui fit le
plus charmant salut.

A la réapparition de Leurs Majestés sur les marches du
parvis, un bruit immense d'acclamations s'éleva du sein
de la multitude qui avait stationné sur la place Sainte-
Croix pendant la cérémonie religieuse. Les tambours battirent aux champs, les musiques jouèrent, les milices pré-
sentèrent les armes ; et le cortége s'étant reformé, ce fut,
depuis la rue Jeanne-d'Arc jusqu'à la place Bannier, comme

l'effet d'une traînée de poudre. Jamais ovation ne fut plus enthousiaste, plus sincère, plus incessante.

Devant le Lycée se tenaient les élèves. Il avait été d'avance convenu entre eux qu'au passage de l'Empereur et de l'Impératrice, ils crieraient : *Vive le Prince impérial !* En effet, ce cri, ayant d'abord été poussé par deux élèves, fut répété avec une énergie et un ensemble merveilleux par tous les autres.

Au milieu des vivats de la foule, S. M. l'Impératrice avait entendu distinctement ce vivat de deux cents enfants à l'adresse de Celui qui est leur espoir, et ainsi que Mgr Dupanloup venait de le dire, « l'amour et l'espérance » de ses augustes parents. Sa Majesté fut particulièrement touchée d'une manifestation qui devait être plus que toute autre agréable au cœur d'une mère. Ses yeux et son visage s'illuminèrent subitement de joie, de bonheur, et, si nous osions le dire, de reconnaissance.

Le cri des jeunes Orléanais n'échappa pas non plus à l'Empereur ; et l'on vit que le Souverain et la Souveraine étaient plus heureux encore des acclamations en l'honneur du Prince Impérial que de celles qui s'adressaient à Eux personnellement.

En repassant sous l'arc-de-triomphe qui s'élevait à l'extrémité de la rue Bannier, on arriva au Concours régional. Là, le commissaire général du Concours et les membres du jury reçurent Leurs Majestés, attendues également par les autorités du département et de la ville.

La visite aux produits agricoles fut longue, minutieuse, digne d'un Souverain qui dirige constamment ses pensées vers les progrès matériels et moraux, qui veut voir ces progrès et s'en assurer par lui-même, qui ne juge pas du fond de son cabinet, mais se déplace, voyage pour constater de ses yeux, pour s'informer directement, pour interroger personnellement.

La plupart des éleveurs se tenaient à la tête des *box* où leurs produits avaient été placés. Pendant une heure au moins, l'Empereur et l'Impératrice regardèrent tout, demandèrent compte de tout aux exposants eux-mêmes, faisant avec une affabilité extrême des observations si judicieuses qu'on n'eût pu les attribuer qu'à des agriculteurs émérites, adressant des encouragements et des félicitations.

Mille incidents signalèrent cette visite au Concours, but principal du voyage. Il est impossible de les rapporter tous. Relatons du moins le suivant. Il démontre une fois de plus cette aménité particulière qui est un des côtés les plus saillants du caractère de Napoléon III.

Leurs Majestés se mêlaient à la foule, marchant sans escorte et se laissant approcher de la meilleure grâce du monde. L'Empereur aperçoit un beau vieillard décoré, et

ceint de l'écharpe municipale. Sa Majesté va directement
à lui, et avec un accent plein de bonté :

— Monsieur le Maire, depuis combien de temps exer-
cez-vous vos fonctions ?

Le vieillard répond d'une voix émue :

— Sire, depuis quarante-quatre ans.

— Dans quelle commune ?

— A Sougy, Sire. Et c'est M. le Préfet qui m'a lui-
même apporté ma décoration.

En effet, M. Dureau, Préfet du Loiret, s'était rendu à
Sougy exprès pour recevoir chevalier M. Moulin, doyen
des maires du département, décoré à l'occasion du 16 mars,
et pour lui remettre les insignes de l'Ordre. Il y avait eu,
en l'honneur de M. le Préfet et de M. Moulin, une véritable fête dans le pays. Tous les maires et le juge de paix
du canton d'Artenay, M. Darblay, conseiller général, et
une foule de notabilités, s'étaient associés au sentiment
qui avait engagé le premier magistrat du Loiret à donner
tout l'éclat possible à la juste récompense des longs et
utiles services rendus par M. Moulin. Celui-ci, dans sa
reconnaissance, n'avait point oublié la solennité de sa réception comme chevalier de la Légion-d'Honneur ; il en
était légitimement fier, il était heureux de faire savoir à
l'Empereur les honorables témoignages de sympathie dont
il avait alors été l'objet.

— A quelle époque avez-vous été décoré ? dit Sa Majesté
à M. Moulin.

— Le 16 mars 1865.

L'Empereur prit la main du vieillard qui ne parvenait que difficilement à contenir son émotion, et daigna lui adresser encore quelques paroles.

« J'étais tellement ému, — nous écrivait, il y a quelques jours, M. Moulin lui-même, — qu'en répondant que j'étais maire de Sougy, je ne pus dire le nom du canton d'Artenay. *Et cependant, l'Empereur me regardait et me parlait avec un air de bonté que je n'ai vu à personne.....* Il me parut être au courant de tout ce qui concernait ma nomination de chevalier de la Légion-d'Honneur..... J'ai près de quatre-vingts ans. Je demande seulement à Dieu qu'il me fasse la grâce d'être encore utile à mon pays ; que mes concitoyens profitent des utiles améliorations que j'ai pu réaliser ; qu'ils soient toujours fidèles à l'honneur, à la loyauté, et qu'ils restent éternellement dévoués au Gouvernement impérial. »

Puisse le ciel exaucer d'aussi nobles vœux !

Entre la partie du Mail occupée par les produits agricoles et celle où l'on avait placé les machines, les corporations ouvrières et leurs délégués à l'Exposition universelle de 1867 attendaient, ayant à leur tête M. Perrault, président du Conseil des prudhommes. M. le Préfet les présenta. L'Empereur, qui a tant fait pour les classes laborieuses, qui comprend si bien leurs besoins, et dont la haute sollicitude s'occupe incessamment de leur donner satisfaction, daigna adresser la parole à la plupart des représentants des ateliers orléanais, trouvant un mot aimable pour chacun, donnant à tous des encouragements, et à quelques-uns des félicitations. L'Impératrice, qui assistait à cette présentation, parut s'y intéresser vivement.

La visite aux machines agricoles et aux instruments aratoires terminée, l'Empereur et l'Impératrice, qui avaient bien gagné quelques instants de repos, se dirigèrent vers la tente qu'on Leur avait préparée. En approchant, leurs yeux furent d'abord frappés, leur cœur fut vivement touché d'une attention délicate. On avait placé au fond, et comme motif principal d'ornementation, le groupe, exécuté par le sculpteur Carpeaux, du Prince Impérial avec Néro, le chien favori de l'Empereur et de son Altesse.

D'ailleurs, pendant tout le séjour de Leurs Majestés à Orléans, on s'était étudié à Leur rappeler ce Fils aimé, soit par des acclamations spéciales, soit par des détails comme celui que nous venons de rapporter, à la fois témoignage d'affection pour l'Héritier du trône, et expression du regret universel de son absence.

Au bas de la tente, une députation de jeunes filles vêtues de blanc, et dont les parents appartenaient tous au Conseil municipal (Mlle Dureau, fille de M. le Préfet, et Mlle Savaresse, fille de M. le Général commandant la subdivision, avaient été les seules adjointes), fut présentée à l'Impératrice.

Une de ces jeunes filles lut à Sa Majesté l'allocution
suivante :

« MADAME,

« Que Votre Majesté daigne accepter cette modeste offrande de l'industrie de nos pères.

« Qu'Elle daigne aussi recevoir, avec l'offrande de nos cœurs, ces
fleurs cultivées dans notre cité heureuse et fière de votre auguste
présence.

« En vous les remettant, Madame, nous regrettons que leur éclat,
que leur parfum, ne puissent durer autant que vos vertus, autant que
l'admiration et l'amour qu'inspire à tout cœur chrétien votre héroïque
charité, à tout cœur français votre dévoûment à la France. »

Ce petit discours parut faire plaisir à l'Impératrice qui
remercia la députation et daigna embrasser affectueuse-
ment la jeune fille chargée de porter la parole. Sa Majesté
reçut les fleurs, qu'Elle voulut bien trouver heureusement
choisies, puis une corbeille contenant des boîtes de cotignac, représentant les armoiries de la ville d'Orléans et
Jeanne d'Arc.

L'Empereur et l'Impératrice entrèrent sous leur tente,
ou pavillon, avec leur suite, après avoir invité M. le Préfet du Loiret et M. le Maire d'Orléans, MM^mes Dureau et
Vignat, ainsi que Mgr l'Évêque, à Les accompagner. Leurs
Majestés se retirèrent dans de petits appartements qu'on
avait ménagés derrière l'estrade officielle. Là, Elles em-
ployèrent quelques minutes à se remettre un peu d'une

fatigue qui devait être considérable. Puis, Elles goûtèrent
à une collation.

Quatre heures approchaient. Il fallait que le train impérial rentrât à Paris avec une exactitude exigée à la fois
par les convenances personnelles des augustes voyageurs
et par le service des chemins de fer. L'Empereur devait
encore distribuer des récompenses. Leurs Majestés devaient
encore faire à l'Exposition de la Société d'horticulture l'insigne honneur de la visiter.

Elles reparurent sur l'estrade, et les acclamations, qui
pendant leur absence momentanée n'avaient cessé de se
faire entendre, retentirent avec une force et une unani-
mité sans pareilles.

La distribution des récompenses commença. Des croix
d'officier et de chevalier de la Légion-d'Honneur furent
décernées par l'Empereur (1), ainsi que des médailles mi-
litaires. Puis, Sa Majesté remit Elle-même à M. Thibaut,
maire de Villamblain (Loiret), la prime d'honneur du Con-

(1) Voici la liste des légionnaires promus ou nommés dans cette circonstance. Nous reproduisons le *Moniteur* :

Officiers.

MM. DUMESNIL, maire de Puiseaux, membre du Conseil général du
Loiret depuis 35 ans. Chevalier depuis 1840; — JUGAUT, major au
8º de ligne. Chevalier le 28 décembre 1859. 36 ans de service; —
Le marquis de MONTLAUR, propriétaire-agriculteur à Cognat-l'Yonne

cours régional, une magnifique coupe en argent ciselé et
5,000 fr.

Comme l'Empereur félicitait le lauréat, celui-ci pria
instamment Leurs Majestés de daigner affecter cette somme
de 5,000 fr. à l'Orphelinat du Prince impérial, une des

(Allier). Chevalier depuis 1858; — PERROT, président du Comice agricole de l'arrondissement d'Orléans. Chevalier du 30 avril 1841.

Chevaliers.

MM. le baron de CLAMECY, secrétaire général de la Préfecture du
Loiret. 17 ans de service; — DECOUS DE LAPEYRIÈRE, premier avocat
général à la Cour impériale d'Orléans; — DEGRIGNY, chef de gare à
Orléans; — DELAPORTE, lieutenant au 62e de ligne. 19 ans de service,
4 campagnes; — DE LILLE DE LOTURE, conseiller à la Cour impériale
d'Orléans; — DOURY, agriculteur à Saincaize (Nièvre); — GAUCHERON,
professeur d'agriculture et de chimie agricole à Orléans; — GRÉGOIRE,
capitaine-trésorier au 8e de ligne. 26 ans de service, 2 campagnes; —
HENNEQUIN, maréchal-des-logis de gendarmerie à la compagnie du Loiret. 27 ans de service; — JANSE, président de la Société des sauveteurs du Loiret, Officier des sapeurs-pompiers d'Orléans depuis 15 ans.
A obtenu une médaille d'or de 1re classe pour son dévoûment lors des
inondations de 1856. S'est également distingué pendant celle de 1866;
— JULIEN, agriculteur à Selles-Saint-Denis (Loir-et-Cher); — LASBASSES,
lieutenant au 72e de ligne, adjoint au recrutement du Loiret. 19 ans
de service, 7 campagnes, 1 blessure; — LOISELEUR, conservateur de
la Bibliothèque d'Orléans, auteur de nombreux travaux d'histoire, lauréat de l'Institut; — MASURE, professeur de physique au Lycée d'Orléans; — MENARD, agriculteur à Huppemeau (Loir-et-Cher), et lauréat
de la prime d'honneur de 1858; — MOREAU-AMY, conseiller municipal
d'Orléans, ancien adjoint. 20 ans de services gratuits; — L'abbé RA-
BOTIN, vicaire-général de la cathédrale; — REVIL, manufacturier à
Amilly (Loiret); — SALOMON père, commissaire du Concours, directeur
de la ferme-école de Saint-Michel (Nièvre).

nombreuses institutions dues à l'esprit de charité et à la noble munificence de l'Impératrice Eugénie. Ce généreux don fut accepté, au nom de l'Orphelinat, avec reconnaissance.

La ville d'Orléans avait invité à assister aux fêtes du 439ᵉ anniversaire de sa délivrance tous les membres existants de la famille de Jeanne d'Arc. Quelques-uns seulement avaient pu se rendre au vœu de la municipalité. S. Exc. M. le général Fleury présenta à l'Empereur et à l'Impératrice M. de Julienne d'Arc, sous-lieutenant au 9ᵉ régiment de ligne, comme descendant de Pierre d'Arc, frère et compagnon d'armes de la Pucelle.

— Comment prouvez-vous, — dit l'Empereur au jeune officier, — cette illustre alliance?

— Par les lettres-patentes de Charles VII, les lettres recognitives de Henri II, de Louis XIII et de Charles X, ces dernières enregistrées en Cour souveraine.

— C'est un beau nom, — dit l'Empereur.

— Et bien porté, — ajouta l'Impératrice avec sa grâce accoutumée.

— Sire, — reprit l'officier, — comme Jeanne a servi la France et son roi, je servirai Votre Majesté et la France.

Après ce dialogue, Leurs Majestés descendirent de l'estrade. Au bruit de nouveaux et enthousiastes vivats, Elles passèrent entre deux haies formées par les corps constitués et les fonctionnaires, adressant à la plupart des paroles recueillies avec le plus sympathique respect.

La tente impériale avait été dressée devant le jardin improvisé de la Société d'horticulture. Leurs Majestés n'eurent que quelques pas à faire pour s'y rendre.

A l'entrée, Elles furent reçues par M. le président Porcher et Mme Dureau, présidente du comité des dames patronesses. Après la présentation de ces dames, des membres du conseil d'administration et des sociétaires, M. le président exprima les sentiments de profonde gratitude de la Société pour l'insigne honneur qu'elle recevait en ce jour, et pour le don de deux médailles, devenues naturellement les récompenses les plus enviées par les exposants. Ensuite Mme Vignat, vice-présidente du comité des dames patronesses, offrit un bouquet à l'Impératrice qui l'accepta avec la plus gracieuse amabilité.

L'ensemble du jardin charma d'abord les augustes visiteurs par son heureuse disposition. Bientôt, une statue de Jules César écrivant ses *Commentaires*, qu'on avait placée en face de la porte, frappa le regard de l'Empereur historien qui sourit et remercia la Société de cette ingénieuse allusion. Leurs Majestés firent le tour du jardin. La beauté, l'éclat des fleurs dont il était orné, parurent Leur causer une vive satisfaction. L'Impératrice surtout semblait prendre un grand plaisir à admirer les produits de l'horticulture orléanaise, à parcourir les allées, à gravir et à descendre,

appuyée sur le bras de l'Empereur, un rocher artificiel
d'où s'échappait une cascade.

L'Empereur demanda si toutes les fleurs et toutes les
plantes réuies à cette exposition étaient le résultat du
travail local. — « Oui, Sire, Lui fut-il répondu ; et ces richesses peuvent donner à Votre Majesté une juste idée de
notre culture maraîchère et du mérite de nos horticul-
teurs. »

De superbes azalées avaient particulièrement attiré l'attention de Leurs Majestés. C'était précisément le groupe
auquel le jury avait décerné la médaille d'or accordée par
l'Empereur. Le lauréat était présent. Sa Majesté, en le fé-
licitant, daigna lui remettre Elle-même le prix de ses
efforts. De son côté, l'Impératrice s'informait de l'origine
de ces belles variétés, accompagnant ses questions des
compliments les plus flatteurs.

L'exposant que le jury avait trouvé digne de la médaille
accordée à la Société par l'Impératrice vit à son tour Leurs
Majestés passer devant ses produits, des pelargoniums très-
remarquables. La Souveraine donna de sa main à l'heureux
horticulteur la récompense méritée par ses travaux ; puis,
avec son affabilité et sa grâce incomparables, lui adressa
des paroles de félicitation et d'encouragement.

En reconduisant l'Empereur et l'Impératrice jusqu'en
dehors de l'Exposition, le président Leur renouvela l'expression de la vive reconnaissance de la Société d'horticulture
qui conservera de cette visite un précieux souvenir.

Il était quatre heures moins quelques minutes. Les équipages impériaux attendaient devant la porte de l'Exposition. Leurs Majestés et la suite y montèrent, aux cris de plus de cent mille personnes, pour se rendre à la Gare.

Partout où jusque-là Leurs Majestés s'étaient montrées, les acclamations s'étaient produites avec une spontanéité, un élan, une chaleur d'enthousiasme dont nous n'avons assurément donné qu'une faible idée. Mais sur toute la route qui mène au chemin de fer, et qui était couverte d'une innombrable population, les démonstrations prirent un caractère absolument indescriptible. L'Empereur avait donné ordre de laisser approcher la foule. On se plaçait véritablement sous les pieds des chevaux, sous les roues des carrosses, au risque de se faire vingt fois écraser. De plus de cent mille poitrines sortaient comme d'une seule des vivats frénétiques : *Vive l'Empereur! vive l'Impératrice! vive le Prince impérial! vive le sauveur de la France! vive le père du peuple! vive l'héroïne d'Amiens! vive la sœur de charité! vive la nouvelle Sainte Eugénie!* Et sous d'autres formes encore, on acclamait Leurs Majestés. Aux fenêtres, on agitait des drapeaux. Pour éviter tout accident, il avait été interdit de jeter des bouquets dans la voiture impériale. Des fleurs effeuillées, lancées des maisons, tombaient en pluie odorante jusque sur l'Empereur et sur l'Impératrice. C'était de l'ivresse, du délire.

Les cent-gardes ne parvenaient qu'avec mille précautions à ouvrir la voie ; les chevaux de la voiture impériale ne pouvaient avancer ; et les vivats de faire retentir l'air avec une énergie, une puissance indicibles !

Bien qu'habitués à de semblables ovations, l'Empereur et l'Impératrice étaient profondément touchés. Sur leur visage rayonnant de joie, on voyait se refléter la douce émotion qui les agitait intérieurement.

L'Empereur se leva dans sa voiture, et l'on crut un instant qu'il allait prononcer quelques paroles. Mais un Souverain comme Napoléon III, dont chaque mot a tant de retentissement dans le monde entier, ne peut se permettre de parler dans ces conditions. Ses paroles, difficilement recueillies, peuvent être dénaturées, mal interprétées. Sa Majesté se borna à saluer en signe de remercîment.

A l'arrivée de l'Empereur et de l'Impératrice, les médaillés de Sainte-Hélène étaient rangés en bataille sur un côté de la cour de la Gare. Masqués un peu par les pompiers venus se placer devant eux, ils n'avaient pu que par de chaleureures acclamations, perdues dans l'enthousiasme universel, témoigner le bonheur qu'ils éprouvaient à la vue de Leurs Majestés. Mais au retour du cortége impérial, les médaillés, sur un rang, étaient tout à fait en évidence. Après la descente de voiture, le colonel présidant l'association fut présenté à l'Empereur et lui dit :

7

« Sire,

« J'ai l'honneur de présenter à Votre Majesté les médaillés de Sainte-Hélène du département du Loiret.

« Ces vieux soldats, Sire, ont pour Votre Majesté le dévoûment et l'affection qu'ils avaient pour l'Empereur Napoléon Ier ; pour Votre Majesté, Sire, qui avez rendu à la France toute sa gloire, et qui, naguère, en Italie, en partageant les dangers de vos soldats, avez de nouveau conduit nos aigles à la victoire. »

L'Empereur tendit bienveillamment la main au colonel, en lui répondant qu'Il voyait toujours avec plaisir les vieux soldats du premier Empire ; puis, Sa Majesté offrit son bras à l'Impératrice, et doublant ainsi la faveur accordée aux médaillés, passa devant le front de bataille, daignant parler à plusieurs, tendre à tous une main que ces glorieux vétérans serraient en la mouillant de larmes. Ivres de joie, de bonheur, ils retrouvèrent leur poitrine de vingt ans pour crier encore une fois : *Vive l'Empereur ! vive l'Impératrice ! vive le Prince impérial !* avec une telle énergie, avec un tel accent de sincère enthousiasme, que Leurs Majestés en furent profondément impressionnées.

Comme à l'arrivée de Leurs Majestés, les sapeurs-pompiers d'Orléans occupaient en partie la cour de la Gare. L'Empereur remarqua la belle tenue de ces hommes toujours prêts au dévoûment, et en félicita leur chef, M. le comte de Tristan. Sa Majesté daigna aussi le charger de transmettre au bataillon, en son nom et au nom de l'Impératrice, leurs remercîments pour l'accueil particulièrement chaleureux dont Ils avaient été l'objet de la part de la milice orléanaise.

Le départ eut lieu.

Les mêmes hauts personnages qui avaient reçu l'Empereur et l'Impératrice à l'arrivée eurent encore l'honneur de Les reconduire jusqu'au train impérial.

Là, Leurs Majestés voulurent bien exprimer le regret de n'avoir pu faire qu'un trop court séjour à Orléans, témoigner leur contentement de la réception qui Leur avait été faite, et des protestations de gratitude et de dévoûment qui Leur avaient été adressées.

Déjà le train impérial était hors de vue, et les acclamations retentissaient, plus bruyantes, plus frénétiques que jamais.

L'écho devait s'en prolonger encore le soir.

Pendant que de toutes parts la ville s'illuminait féeriquement, un banquet offert par la municipalité réunissait près de deux cent cinquante convives.

Au dessert, M. Dureau, Préfet du Loiret, prit la parole et s'exprima ainsi :

« MESSIEURS,

« A vos grandes fêtes dont l'éclat rayonne sur sept départements, l'Empereur a voulu apporter le bienfait de sa présence, de son auguste sympathie, et les encouragements de la France pour votre travail agricole, travail national, travail sacré ! Unissons nos élans à l'enthousiasme des loyales et laborieuses populations dont vous êtes les représentants et les amis, et, comme elles, répondons à la sollicitude du Souverain par le libre hommage de la reconnaissance et par de chaleureuses manifestations de dévoûment à l'Empereur !

« Elle est venue aussi au milieu de nous, notre gracieuse et héroïque Impératrice. Vous l'avez vue se mêler à vos joies, admirer vos efforts, sourire à vos succès, et Elle vous a montré combien son âme française comprend toutes les nobles aspirations de la patrie. Son nom sera toujours associé à celui de l'Empereur dans nos acclamations et dans nos âmes !

« Que le jeune Prince, formé par de tels exemples, par les vertus patriotiques et religieuses qui font l'homme et qui préparent le Souverain, apprenne aussi par vous de quelles espérances nous saluons son avenir..... son avenir, Messieurs, celui de nos enfants !

« *Vive l'Empereur !*
« *Vive l'Impératrice !*
« *Vive le Prince Impérial !*

Ces vivats furent énergiquement répétés par toute l'assistance, encore remplie des émotions de cette journée magnifique.

Le lendemain, la proclamation suivante était affichée sur tous les murs d'Orléans :

LE MAIRE D'ORLÉANS A SES CONCITOYENS.

« CHERS CONCITOYENS,

« Leurs Majestés l'Empereur et l'Impératrice ont daigné, à plusieurs reprises, m'exprimer la satisfaction que Leur causait l'accueil qui leur a été fait. Elles ont bien voulu me charger d'être leur interprète auprès, ont-elles dit, « de l'excellente population orléanaise. »

« C'est avec bonheur que je remplis l'honorable mission qui m'est confiée. A mon tour, je vous félicite, mes chers concitoyens, de la chaleureuse réception que vous avez faite au Souverain et à sa gracieuse compagne, et je vous remercie du concours que vous avez ainsi prêté à l'administration municipale, à l'occasion de ces belles fêtes qui laisseront dans nos cœurs et dans nos annales un impérissable souvenir.

« *Le Maire d'Orléans,*

« E. VIGNAT. »

« L'excellente population orléanaise, » ont dit Leurs Majestés.

Ce mot est une douce récompense, et non seulement la population d'Orléans, mais celle du département du Loiret, et toutes les populations du Centre, doivent être heureuses de se voir aussi bien comprises, doivent être fières de se trouver aussi bien appréciées. Toute cette contrée tiendra plus que jamais à honneur de justifier la bonne impression que le Souverain et la Souveraine ont emportée de leur visite à Orléans. Plus que jamais elle voudra continuer à mériter la qualification qui résume, dans l'esprit et dans

le cœur de Leurs Majestés, les sentiments de profonde
gratitude, de sincère affection et d'inaltérable dévoûment
dont Elles eurent des preuves si manifestes dans la journée
du 10 mai, la plus belle dont Orléans et le département du
Loiret puissent garder précieusement la mémoire.

Partout où passent Napoléon III et l'auguste mère du
Prince Impérial, la bienfaisannce les suit. Le 12 mai, M. le
Préfet du Loiret recevait une somme de 10,000 fr. à ré-
partir :

1,500 fr. entre les médaillés de Sainte-Hélène du département ;

8,500 fr. entre les divers établissements de charité de
la ville d'Orléans.

Après les acclamations de tout un peuple enivré par la
présence de ses Souverains, les spéciales et saintes béné-
dictions du pauvre.

« Qu'elles suivent un jour l'Empereur Napoléon III et
« l'Impératrice Eugénie, » — dirons-nous avec Mgr l'ar-
chevêque de Paris donnant la communion au Prince Impérial, — « et leur composent une couronne encore plus
« belle que celle qu'ils portent si bien sur la terre !.... »

L'on eût été mille fois heureux d'unir dans une triple

acclamation l'Empereur, l'Impératrice et le Prince Impérial en présence de Son Altesse ; mais ce bonheur n'était pas réservé cette fois à Orléans.

Espérons qu'un jour l'Héritier du trône, dont « les premières années s'épanouissent entre le génie et le courage, entre la grâce et la bonté, » viendra, Lui aussi, dans cette ville, recueillir sur place « les grands souvenirs « du passé, » suivant l'expression de son auguste père. Espérons qu'Il y viendra chercher et ressentir plus vivement encore, au milieu du peuple, ces patriotiques émotions qui font déjà battre son jeune cœur !

NOTES.

I.

L'auteur des belles peintures qui décorent les églises de Saint-Laurent et de Notre-Dame-de-Recouvrance, M. Lazerges, a bien voulu consacrer son talent si gracieux à l'illustration de notre opuscule : le frontispice placé en tête de cette seconde édition est l'œuvre de l'habile artiste.

M. Lazerges a représenté la France dans l'attitude du repos, s'appuyant sur un bouclier qui supporte lui-même les trois médaillons de l'Empereur, de l'Impératrice et du Prince Impérial. Un aigle aux ailes éployées tient dans ses serres une banderole sur laquelle on lit : *Vox populi, vox Dei*. On remarque plus bas les attributs de l'agriculture entourant les écussons réunis d'Orléans et de la Pucelle.

Cette allégorie, d'un style aussi simple qu'élégant, rappelle bien les circonstances dans lesquelles s'est accompli le voyage impérial : la fête du 8 mai, anniversaire de la délivrance d'Orléans, coïncidant avec le Concours régional ; et les paroles de l'Empereur affirmant une fois de plus que la France, glorieuse du passé, confiante dans l'avenir, ne cherche point à troubler la paix du monde.

Qu'il nous soit permis d'adresser à M. Lazerges nos remercîments particuliers pour avoir ainsi coloré d'un reflet de poésie ces quelques pages d'histoire orléanaise.

II.

Nous avons dit que le péristyle et la principale nef de la Cathédrale avaient été décorés de magnifiques tapisseries empruntées au mobilier de la Couronne.

Ces tapisseries, en laine, soie et or, font partie de séries presque toutes complètes, et dont même quelques-unes se répètent plusieurs fois.

En voici la liste dans l'ordre où on les avait placées :

8

PÉRISTYLE.

Côté droit.

		Haut.	Larg.
1. *L'Évanouissement d'Esther* ...	d'après A. Coypel.	4m 90	5m 50.
2. *Héliodore battu de verges*.....	d'après Raphaël.	5m	9m.
3. *Le Lavement des pieds*	d'après Restout.	5m 10	5m 30.
4. *L'Incendie du bourg*	d'après Raphaël.	5m	8m 45.

Côté gauche.

5. *La Messe de Bolsène*..........	d'après Raphaël.	5m	8m 10.
6. *Le Jugement de Salomon*	d'après A. Coypel.	4m 80	5m 50.
7. *Vision de la Croix par Constantin*	d'après Raphaël.	5m	6m 20.
8. *Saint Léon arrêtant Attila*....	d'après Raphaël.	5m	8m 70.

GRANDE NEF.

Côté droit.

9. *L'Incendie du bourg* (répétition).	d'après Raphaël.	5m	8m 45.
10. *Saint Léon arrêtant Attila* (répétition)	d'après Raphaël.	5m	8m 70.
* 11. *Elymas* (le magicien) *rendu aveugle*	d'après Raphaël.	5m 30	7m 05.
* 12. *La Mort d'Ananie*........	d'après Raphaël.	5m 80	6m 90.
* 13. *Saint Paul prêchant à Athènes.*	d'après Raphaël.	5m 30	6m 20.
14. *La Pêche miraculeuse*	d'après Jouvenet.	5m 20	7m 30.
15. *Le Repas chez le Pharisien*...	d'après Jouvenet.	5m 10	7m 30.

Côté gauche.

16. *L'Incendie du bourg* (répétition).	d'après Raphaël.	5m	8m 45.
17. *La Messe de Bolsène* (répétition).	d'après Raphaël.	5m	8m 70.
* 18. *Saint Paul et saint Barnabé à Lystra*..............	d'après Raphaël.	5m 30	7m 20.
* 19. *Le Christ remettant les clés à saint Pierre*..........	d'après Raphaël.	5m 30	6m 90.
* 20. *La Pêche miraculeuse*......	d'après Raphaël.	5m 80	5m 70.
21. *La Guérison des malades*....	d'après Jouvenet.	5m 10	7m 20.
22. *Le Baptême de Jésus-Christ*..	d'après Restout.	5m 10	7m 50.

A l'exception des n⁰ˢ 11, 12, 13, 18, 19 et 20, toutes ces tapisseries sont françaises, et représentent des sujets empruntés à Raphaël, Jouvenet, Coypel et Restout.

Les six pièces d'origine étrangère, désignées ci-dessus par un astérisque, proviennent de la manufacture royale de Mortlake (Angleterre), et sont la copie des célèbres cartons maintenant déposés au château de Hampton-Court. Il en existe une septième : *Saint Pierre et saint Jean à la Porte Magnifique,* restée au Garde-Meuble pendant les fêtes d'Orléans, et qui complète la série anglaise.

On connaît l'histoire de ces cartons que Raphaël, peu de temps avant sa mort, composa pour Léon X. Dans l'origine, ils étaient au nombre de vingt-cinq. Envoyés à Bruxelles pour y être exécutés en tapisserie, moyennant un prix convenu de 70,000 couronnes (plus de 400,000 francs), ils ne furent jamais restitués à l'Italie, et, par une indifférence inexplicable, restèrent longtemps confondus dans le mobilier de la manufacture. On assure même que quelques-uns furent placés à l'extérieur, au-dessus de la porte d'entrée, comme pour indiquer la destination de l'édifice.

En 1630, Charles Iᵉʳ, suivant le conseil de Rubens, acheta les sept cartons qui existaient encore en Flandre, et les donna comme modèles aux ouvriers de la fabrique de Mortlake, fondée par son père et dirigée alors par Franz Cleyn. Les reproductions de ces habiles artisans témoignent assez qu'à toutes les époques le génie pratique de nos voisins sut tirer bon parti des trésors que la munificence royale mit à leur disposition.

Sur chaque pièce de la série, on voit dans la bordure supérieure les armes d'Angleterre, et dans la bordure inférieure une inscription latine désignant le sujet, suivie de ces autres indications :

CAR. REX. REG.
MORTL.

Acquises par le cardinal Mazarin et cédées par ses héritiers à Louis XIV, moyennant une indemnité de 50,000 francs, les sept tapisseries anglaises sont inscrites sous le n⁰ 34 à l'inventaire général des meubles de la Couronne, arrêté de la main du roi, le 31 décembre 1706.

Quant aux pièces sorties de la manufacture des Gobelins, elles ne le cèdent point aux premières pour la beauté de l'exécution. Raphaël encore a fourni la plupart des sujets qu'elles représentent, et qui sont empruntés aux chambres du Vatican. Les autres sont dus à Jouvenet, à Restout, son neveu et son élève, à Antoine Coypel.

On sait qu'à la demande de Louis XIV, Jouvenet répéta pour les Gobelins, mais avec des variantes qui prouvaient la fécondité de son imagination, les quatre grandes compositions dont il avait orné, en 1706, l'église de Saint-Martin-des-Champs. Ce furent ces tapisseries que Pierre-le-Grand, lors de sa visite aux Gobelins (1717), choisit pour la tenture qui lui était offerte au nom du roi par le duc d'Antin. Elles avaient été exécutées par Lefèvre, un des maîtres de la manufacture, et portent son nom. Trois de ces pièces seulement figurent dans notre catalogue ; ce sont : la *Pêche miraculeuse*, le *Repas chez le Pharisien* et la *Guérison des malades* (nos 14, 15 et 21). La quatrième a pour sujet les *Vendeurs chassés du Temple*. Tous les originaux sont maintenant au Louvre, et la gravure les a popularisés.

Restout a fourni les cartons des nos 3 et 22, le *Lavement des Pieds* et le *Baptême de Jésus-Christ* ; Coypel, ceux des nos 1 et 6, l'*Évanouissement d'Esther* et le *Jugement de Salomon*.

Grâce au mobilier de la Couronne, la Cathédrale présentait donc un vif intérêt artistique pendant la fête du 10 mai. Ajoutons qu'une exposition rétrospective s'organisait à l'Hôtel-de-Ville, par les soins de la *Société des Amis des Arts,* et qu'elle réunissait alors de nombreux spécimens de ces travaux où l'art s'unit à l'industrie, pour faire quelquefois d'un meuble, d'un ustensile assez vulgaire, un objet précieux que les collectionneurs achètent au poids de l'or. Le moment pouvait-il être mieux choisi pour étaler sous les yeux du public orléanais ces magnifiques tapisseries de haute lice, la meilleure révélation peut-être du génie de Raphaël, pour quiconque n'a pas visité l'Italie ?

Malheureusement, ces tentures, enveloppant les piliers de la nef et du péristyle, ne pouvaient être contemplées dans leur ensemble ; à peine pouvait-on saisir quelques détails, qui faisaient regretter plus vivement que le reste ne pût être embrassé du même coup d'œil ; puis la foule, avant tout désireuse de voir l'Empereur et l'Impératrice, n'accordait qu'une bien faible attention à la pompe déployée autour d'Eux. Le lendemain, le Garde-Meuble réclamait ses trésors.

C'est encore par suite des préoccupations du moment que demeurèrent inaperçues les sept premières stations d'un Chemin de Croix, dont le ciseau d'un artiste orléanais, M. Clovis Monceau, vient d'enrichir une des nefs latérales de la vieille basilique.

Mais ce dernier travail, conçu et exécuté d'une façon si intelligente, est une œuvre que nous serons toujours à même de revoir ; les cartons de Raphaël, au contraire, sont gardés loin de nous avec un soin jaloux, et, peut-être, les tapisseries de Mortlake et des Gobelins, les royales commandes de Louis XIV et de Charles Ier, ne seront-elles pas de longtemps déroulées sous nos yeux !

II.

Les clés offertes à l'Empereur avaient depuis longtemps disparu, lorsqu'elles furent retrouvées par M. l'abbé Desnoyers, qui, dans sa sollicitude pour la conservation de nos souvenirs historiques, s'empressa d'en faire l'acquisition, et les offrit à la ville, en 1855, lors de l'inauguration de la statue équestre de Jeanne-d'Arc, sur la place du Martroi. Ces clés sont en fer doré, sans aucun ornement.

III.

La statue de Jules César écrivant ses *Commentaires*, placée dans le jardin de la Société d'Horticulture, est l'œuvre du sculpteur Dénéchaud. Cette statue avait été envoyée par l'artiste à l'exposition de la *Société des Amis des Arts* qui l'a gracieusement prêtée, pour la circonstance, à la Société d'Horticulture.

IV.

Le 13 septembre, Leurs Majestés et S. A. le Prince Impérial, se rendant de Fontainebleau à Biarritz, traversaient incognito notre département.

Dès que le train impérial fut arrivé à la gare des Aubrais, l'Empereur fit appeler auprès de lui M. le Préfet du Loiret dans le wagon-salon où se trouvaient S. M. l'Impératrice et S. A. le Prince Impérial.

Après avoir satisfait aux demandes de Leurs Majestés sur les principaux intérêts du département, M. le Préfet reçut des mains de l'Impératrice trois écrins destinés, l'un à Mlle Richault, qui avait complimenté Sa Majesté au nom des jeunes filles d'Orléans, et les deux autres aux deux jeunes personnes qui Lui avaient offert, au nom de la ville, le cadeau traditionnel de boîtes de cotignac. M. le Préfet et Mme Dureau s'empressèrent de remettre le jour même à leurs heureuses destinataires les délicats souvenirs de Sa Majesté.